별일

국립중앙도서관 출판시도서목록(CIP)

별일 : 김승배 시집 / 지은이: 김승배. -- 서울 : 다시올, 2
014
p. ; cm. -- (다시올시인선 ; 013)

ISBN 978-89-94414-46-1 03810 : ₩9000

한국 현대시[韓國 現代詩]

811.7-KDC5
895.715-DDC21 CIP2014002368

다시올시선 _ 012

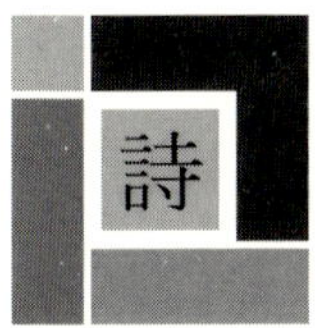

별일

김승배 시집

다시올

■시인의 말■

문학, 그 아득한 길

해 묵은 속앓이 달고 살아온 시편들

먼동 트고 솟아오른 햇덩이 아래 세우다니.

내세울 것 없어 구부정 버틴 날들에게 오늘은 등 두드려 주고 싶다.

새 식구를 맞이하고 때맞추어 펴내는 두 번째 시집이 달빛처럼 마냥 정겹다.

텃밭에 나가 호미 들고 풀을 매고 채소를 가꾸며 어머니의 거친 숨결을 더듬는 일이 더 없이 행복했다.

붉은 가슴을 열어 온갖 목숨부치 기르고 있는 고향땅, 철따라 옷을 갈아입는 나무, 푸성귀 잎에 멋대로 내려앉은 풀벌레 울음소리, 계절 따라 쑥쑥 자라나는 곡식 곁을 이물 없이 드나드는 품 너른 햇살이며 빗방울, 달빛 별빛의 이마 힘차게 구르고 있는 이슬방울, 바람결에 실려 온 산새소리가 내 작은 시 밭의 식솔들이다.

벌레들의 산 입을 돌봐줘야 하고 여름밤을 적셔주는 개구리 콘서트에 얼굴 내밀어 함께 노래 부르며 정분을 쌓아 왔다.

대식구가 둥근 밥상에 둘러 앉아 오순도순 나누는 정담을 시편에 모종하려고 무딘 붓을 얼마나 많이 채근 했던가, 애시당초 허물투성이 시편이라 독자들은 차라리 편하게 읽어 주실 것이다.

부끄러운 시, 예쁜 시집으로 엮어 주신 다시올 김영은 사장님, 기꺼이 발문을 올려주신 나정호 작가님, 편집을 맡아주신 아토포스 한상림 회장님, 여백을 채워주신 고양 예총 박정구 회장님, 제자와 표지 디자인에 정성을 기우려 준 귀여운 며느리 하얀 꽃뿌리에게 고마운 마음 두고 두고 전해야겠다.

목화솜 이불을 펴 놓고 명상에 잠긴 고향 땅이 오늘도 따뜻한 손길을 내민다.

이천십사 년 이월

안골 閒然齋에서 현정 김승배

■차례

1부 별 일

2부 아기풀 마중

■차례

3부 가을 문답

4부 숲, 가부좌 틀다

■ 작품해설

1부

별일

별 일

산기슭 길게 베고 누운 콩밭을 매다가
허리 툭툭,
몇 걸음 비켜서서 볼일 보는데
풀숲에서 툭, 튀어나온 개구리 한 마리
퉁퉁 불은 눈알을 까고 나무란다, 아저씨
화상 입을 뻔 했잖아요
그래, 미안하다 일이 다급하다보니
내 미처 살피지 못 했구나
대신 너희들이 콩밭에 와서 놀아도
아무 말 안 할 테니
오늘 일은 입 다물기로 하자

찔레꽃

어머니
모진 생애 피우시느라
부릅뜬 뙤약볕에
속살마저 바래버린

돌아, 가시덤불 헤치고 돌아온
흰 허리 엄니의 무딘
손톱 같은 꽃잎이여

당신의 주름진 얼굴에
깨물린 땀방울
가리가리 바람결에
도리질 치고 있네요

청 매

산만한 눈매,

흩어지는 매화꽃잎에
걷어 채이며 머뭇머뭇
사잇길 거닐다가

환한 생각 한 짐 싹 틔우네

섬진강물에 어린 꽃물
더딘 내 발길 마냥
잡아, 놓아주지 않네

한사코 내려놓고 가라 하네

온통 함박눈 뒤집어 쓴
청매, 그늘 아래
쉴 자리 찾아보지만
눈이 시려
오래 머물지도 못 하겠네

취선을 만나다

산꽃 따러 산에 갔다가
민망한 놀음에 넋 나간
취선을 만났지

겨우내 비워 둔 속
허겁지겁
두견주 퍼 마시더니
오며 가며 술독 끼고 살더니

허둥지둥 큰 대자 그리며
벌러덩 누운 산

새 겹눈 파르스름 치켜뜨는
날개옷 한 벌 챙기지 못하고
남부끄러운 줄도 모르고
이리저리 뒹구는 알몸

발가벗은 저 산 좀 봐

무 죄

봄물 오른 아낙네 가르마 타듯
농부는 한 이랑 두 이랑 밭을 갈고 있다
몇 줌의 덜 여문 햇살과 잔바람, 풀잎 이마에 구르는
이슬방울이 흙덩이를 껴안고
술래처럼 쟁기 밥 속으로 숨어든다

때마침 지나가던 시인이
새참 술 한 잔에, 발그레
웃음꽃이 돋아난 농부에게
여보시오, 다 묻어버리면 어쩌자는 거요
눈 흘겨 따지려들자

노랑나비가 팔랑 고개를 저어
두 사람을 떼어놓고 한 마디 던진다

아저씨, 싸우지 마세요
봄이잖아요

절 창

다섯 뼘쯤 오그라드는 봄밤이다
비탈진 골목길 가로등
하나 둘 불알 물고 눈 뜨는데

흐드러진 개나리 담장 타고 넘는
귀에 찰싹 달라붙는 소리
차 압 살 떡…
메 밀 묵 사 아 려 어…

지난겨울 모진 설움에
울컥 얼어붙어버린
소년의 찰지고 절절하던
그 목소리, 졸졸 녹아내리는 것이다

넘쳐흐르는 절창絕唱이
되살아나 귓전에 맴돈다
파릇파릇 봄밤 물들이고 간다

프러포즈

몇 해 전 문학상 시상식에 벗님이
두터운 우정을 심어 보내온 화분

따뜻한 정 오래 곁에 두고 싶어
햇살 바른 거실 한 켠에 보기 좋게 놓고 지낸다
게으른 관심에 무뚝뚝한 주인을 잘 섬긴다는
동양란, 자주 바라보기조차 민망하다

철이 바뀌어도 옷 타령 한 번 하지 않은 순둥이
화장기 없이 마냥 매끄러운 몸매는 타고난 미인이다
가끔 해갈이나 하라고 목이나 축여 주었을 뿐
아예 간섭하지 않는다

가냘파, 나는 화살인양 휘어지는 몸놀림은 청학이
긴 나래를 펴고 하늘 맴돌다가 다시 허공 한 귀퉁이
끌어다가 구부려 놓고 등을 기댄 모습이다
몸은 비록 땅에 내려놓았어도 마음은 늘
창공에 머무는가보다

어느 깊은 밤 난향이 아무도 모르게 곁에 다가와
애무라도 하는 듯 코끝 진하게 부비며
타오르는 눈빛으로 품에 안긴다, 수줍어 사랑한다
말 한 마디 못하고 숨이 탁 멎을 것만 같은데
봄밤이 이토록 달고나

꽃이 핀다는 거

꽃이 핀다는 거
함박웃음, 곁에 피는 거
꽃잎이 가랑이 슬그머니 여는 거

일찍 깬 벌 나비 입안에
하늘하늘 명주실 숟가락으로
오물오물 꿀물 떠 먹여주는 거

노랑나비 흰 나비 떼
새로 단 고은 사 나래 선보이는
신춘 발레 공연 보는 거

벙근 꽃술 한 줄 한 줄
손가락 짚어가며 읽어
눈망울에 담아두는 거

글쎄?

낙 화

꽃망울 터트리자
배 아픈
눈보라, 뒤를 밟네

달빛, 옷을 벗다

기우뚱 기운 밤을 열고 달빛을 벗겨 본다
눅눅한 그늘 한 점 보이지 않고 샘물처럼 고여 드는 달빛

왜일까, 달빛에 그늘이 보이지 않는 것은

잎사귀 저문 나뭇가지에 걸리어 징징 짜고 있는 바람
밤새 울어 목에 실금이 간 바람의 엉킨 옷자락 풀어주는
마음씨 고운 달빛 안에 어찌
어둑한 그늘이 깃을 칠 수 있겠는가

달빛을 씹어 삼켜 본 사람들은 알고 있다

입맛을 돋을 만큼 그냥 담백하여 입 안 가득 잔영이 깊은 것을
오래 씹어도 물리지 않는 것을

봄이 눈 뜰 무렵 청 보리 밭 밟아주듯
사람들은 무시로 달빛을 제 것처럼 밟고 다니지만
눈살 한 번 찌푸리는 법이 없다
눈 침침해 저문 오솔길, 더듬거리는 발걸음
손 목 끌어다가 환한 길 열어주는 것도
달빛의 오래된 선행이다

울 안 장독 위에 달물 한 사발 모셔놓고
쪽진 머리 밤 이슥 조아리시던
휑하니 뚫린 가슴 달빛에 기대시던 어머니
그 더운 손 이제사 또렷하다

벗은 달빛, 미열조차 다 내어주는
달빛의 맨살 베고 누운 밤, 들뜬 잠자리가
가만히 눈 감는다

진달래

사월이 오면
철부지가 되나보다

낮 선 남동풍 등에 업히어
앞 뒤 동산 오가다가

다문다문 부려 놓은
열아홉 순정

저 좀
데려가 주세요

꽃에게 푸념을 바치다

그대 보고파,
해갈이 때맞추어 갔었지
앉지도 못하고 구부정 선채로
그대 입술에 물린 여린 미소를
코끝에 감겨오는 찡한 내음을
귀에 걸린 왁자지껄 풍문들
하나도 버릴게 없어
그냥, 널 좋아해 라고 중얼거렸지
한 마디 대답 받지 못한 발걸음이 무거웠어
그래도 입 다문 모습 잊혀질까
흘금흘금 뒤돌아 눈길 놓아두었지
그대는 내게 한 번도 오지 않았어
오지 않았으니 발길 돌릴 일도 없었어
보고도 못 본체 했으니
내가 안중에도 없었던 거야
한 눈에 너를 알아 본
내 뾰족한 안목은 어떡하라고
짝사랑에 눈 먼 내 탓이라고?

종아리 걷다

숨 가쁘게 달려온 바람이 걸음을 멈춘다
난, 달려야 해, 거침없이 불어야 해
멈추면 이제 바람이 아니야
이 악문 채 한 마디 남기고 숨을 멎는 바람,
몸 낮추어 바닥을 핥고 가는 석간수
생의 쓴 맛에 입맛 길들이고 있다
대나무 숲에서는 마음 비우라 빈 속으로 울어대고
힘들이지 않고 일가를 이루겠다구요
두렁을 넘던 굼벵이가 끙끙대며 내뱉는 말이다
나무들은 한 목소리로
어깨동무하며 지내라 귀뜸한다
날이 춥다고 겨우내 웅크리고 찡그리고 사세요?
먼 남녘 동백이 전화기에 화들짝 꽃망울 터뜨린다
자넨 너무 목이 뻣뻣해
고개 숙이고 살아봐, 마음 다칠 일은 없어
하는 일도 술술 잘 풀릴 테고
할미꽃 말씀에 묵묵하다
다소곳이 비바람이든 초목 앞에 종아리 걷을 수밖에
어느새 싸릿대 회초리 꼿꼿이 걸어온다

아픈 봄소식

분분한 봄날
붐비는 산들마을 사거리 횡단보도

붉게 피어난 신호등 한 송이 깜빡, 곱다

봄이 핀 줄 알고, 꽃이 핀 줄 알고
산들바람 저도 꼬리 흔들며
살랑살랑 건널목을 건너다가 그만
일을 당했다 한다

차라리 색맹이었으면 명은 이었을 텐데

혀를 차는 사람들,
햇살 한소끔 밟고 한 참 멍하다

소쩍새

누가

고단하게 누운

봄밤

서리서리 휘감아

깨우고 있나

어쩌자고

한 생의 이름을

피멍으로 부르는가

봄 날

들뜬 삼 월
얼음 밭에 갇혀있던
부신 눈 꺼내 들고

말랑한 속삭임
붉게 토해내는

술렁이는
봄날

누굴 먼저
만나볼까
고인 턱에 슬그머니 맺히는 꽃망울

복사꽃

동그마니 붉은
입술,
그래 알았다
내 금방 가마

별난 주막

찬 서리 눈치 보며 지은 유채밭
문을 따고 화들짝 눈 뜬다

아침부터 벌 나비 떼 지어 날아와
온 종일 마시고 춤추고
샛노란 춤사위에 북적거리는 눈빛,

놀자 판이다

주전자 들고 종종걸음 치는
꽃잎도 덩달아 희죽 희죽
오물어진 입을 귀에 걸었다

올봄에 새로 온 가는 허리 주모가
유채밭에 차려놓은 주막
손님들 끊이지 않는다

대박이다

바람 난 문연재

여린 나뭇가지에 봄물 드니
잦아지는 뻐꾸기 울음
귀 좀 빌리잔다

겨운 봄볕에 마른 품 열어
맥 놓고 있는 문연재

연분홍 치마 사뿐 들어
물오른 살 내음
살래살래
문고리 흔드는 두견화

아무래도 수상한
이 봄날엔
점잖은 문연재
뒷동산 자주 오르겠네

*문연재 : 일산 변두리에 살고 있는 시인의 작은 글방

꽃 물

봄 캐러 진달래 숲에 갔다가 꽃내음에 덜미 잡혀 그만 분홍빛 열병을 앓았지요, 제 하얀 생각은 꽃잎에 걸어 놓고 꽃물만 벌컥벌컥 들이켜고 있었지요, 해 저물녘 숨소리마저 가늘어진 석양이 꽃물에 체해 신음하는 나를 안고 가만가만 등 두드려 주며 서둘러 내려가라 일러주데요, 온종일 살판난 듯 꽃불을 놓느라, 꽃불 쬐다가 속살까지 붉어진 마음, 느린 실핏줄 타고 전염병처럼 번져가는 꽃물에 흥건히 절인 사랑, 하마 풋풋하게 윤기 흐르는 꽃물 든 이 사랑을, 나 홀로는 서럽도록 힘에 부치는데, 활활 타오르는 이 영화 누구랑 나눌거나.

별일

2부

아기풀 마중

맨드라미

유난히 땡볕을
좋아한다는 그녀

달구어진
몸뚱어리 다시 살라
불꽃으로 피어나네

볏을 세워
홰를 치는
한 여름 사르고 있는
사랑의 변주곡이라니

가슴 데일망정
차마
눈길 못 떼겠네

아기풀 마중

채소밭을 맨다
움켜 쥔 흙살 돌려주지 않으려고
아랫도리 힘주어 버티는 잡초
아우성마저 뿌리친다
실랑이 끝에 숨을 거둔 풀더미가 슬픈 듯
고개를 젖히고 봉분처럼 누워있다
목숨이야 매양 하나라는 걸 알고 있는 난
풀 무덤에 굳이 목례를 보낸다
제 살 발라 허기진 흙 입에 밥 떠먹이고 있는
살신성인,
며칠이 어칠비칠 지나가고 벌떼처럼 흙덩어리
깨부수고 일어서는 아기풀
철없는 부활,
반갑게 마중하고 싶은 마음 문득 드는 것이다
보드라운 아기 풀 양볼 꼬집어 주고 싶어
나는 오늘도 텃밭을 돌아본다

구름 농장

구름밭 갈아 목화씨 뿌려 볼까 해
뽕나무 심어 누에치려면
물레 베틀도 넉넉히 장만 해야지
진 밭에는 먹구름 풀어 모내기 하려네

돌구름 흙구름 흙살 가려
감자 고구마 콩 옥수수 푸성귀 심어
구름밥상 푸짐하게 차려 볼 참이야
사과 배 감나무 자두나무
과수원에 꽃망울 다투어 피어오르면
벌 나비 구름처럼 날아들겠지

눈 시린 초원에 양떼 풀어 배불리고
대나무는 밤낮으로 태극기 흔들어 대라고
단단히 일러주어야 하겠어
요즘 부쩍 잡아떼고 우기는 녀석들이 하도 많으니

동네 새떼들에게 새털구름 밭에 놀러가자고 하면
파닥파닥 짹짹, 얼마나 좋아 할까
찔레꽃 덤불에 뭉게구름 피면
구름노래방을 차려주고 싶어

아무래도 농사철에 물길 잡아 두려면
먹구름 울먹일 때 장대비 얻어 타고 밭에 나가
보슬비 가랑비 단비 장맛비 소나기 키대로 묶음 지어
띄엄띄엄 모종내야 할 것 같아

구름 시인이 농부랑 한 통속으로
발자국 소리 자주 들려주고 땀 흘려 지어 놓으면
먹고 입고 사는 일로 옥신각신 핏대 세울 일은 없을 거야

다들, 한 시름 덜었으니 두 다리 뻗고
막걸리 사발에 목화송이 안주 삼아도 좋겠구만
꽹과리 장구잡이도 어서 구름밭으로 오라구 하게

백일홍

뙤약볕이
나는 좋아, 좋아라
삼복 마다않고 찾아오신
손님

앞산에 쪼그리고 앉아
살래살래 꼬리 치는
봄볕 보단

따끈하게 데워놓은 품안에
깜박깜박
졸다보면

꽃 살 콕콕 찔러대는
선홍의 땡볕이
나는 좋아

한 여름
붉게 살고 싶어
불사르고 싶어

경 주

산밭에서 굼벵이와 개미가 달리기 한다
구불구불 돌아누운 밭고랑 트랙삼아
자기 집에 돌아오는 제법 장거리 경주다
굼벵이 주름 잡았다 풀었다 몸 푸는 사이
개미 다리에 불똥이 튄다
아무리 폼 잡고 불똥 튀겨본들 거기서 거기지
경기가 중반 쯤 접어들자 구경꾼들은
입을 모아 개미의 승리라고, 지레
승부를 정해놓고 뿔뿔이 흩어진다
예상대로 개미가 앞서고 있지만
경기는 쉽사리 끝나지 않았다
온 종일 똘망똘망하던 해, 하루 치 목숨 주섬주섬 거둘 무렵
심판이 스톱워치 들고 시간을 측정하는데 이럴 수가
바로 그 시각 두 선수가 똑같은 시간에 집에 도착한 것이다
사이좋게 나누어 뒤집어 쓴 땀을 훔치며
잘 들어갔겠지, 입 속으로 서로의 안부를 묻는다
승부에 목메달지 않고 묵묵히 제 갈길 가는
오순도순 이웃으로 살아가는 벌레,
이러쿵저러쿵 이을 말이 없다

산당화

밤 이슥토록 권하고 자시느라
시끌시끌 하더니
취흥에 젖어 얼싸안더니
꽃가지 오른데 마다
홀랑 피었구나
이리도 붉고 저리도 붉게
흐드러졌을까

나도 한 잔 마셔보자

옹달샘

촘촘히 엮인 내 가슴 안에

이 땅 꽁꽁
얼어붙기 전에
작은 옹달샘 하나
불러들이고 싶다

그윽히 푸르게

제 한 몸
겨우 적셔내곤
다 내어주는

가물가물 내리 사랑

소리가 떠나갔다

저물녘, 고봉 산 넘어
납작 엎드려 있는 고향 집
대청마루에 걸터앉아
무논갈이 순둥이의 눈망울 불러본다

외양간을 철거당한 황소가 어이
뚜벅 집에 돌아와야 하는지
그네를 타고 있던 알전구가 갸우뚱
집안을 두루 비추고 있다

속도에 떠밀려 정든 고향을 등진
우직스런 황소걸음, 깊은 밤
달빛을 불러 모으던 다듬이 소리
유난히 입이 무거운 요강단지며
정안수 퍼 올리던 두레박질

차마 등 떠밀어 내칠 수 없는
추억 속의 얼굴들이 하나 둘
목 메인 워낭소리를 밟고
유랑 길을 떠나갔다

날만 궂어도 울음보를 터뜨리던
철부지 개구리 떼, 지금
어느 산등성이 넘고 있는지

맴 맴

어느 유명 시인 작가들은
책방마다 수북이 쌓아 놓은 책
동이 났다 안달인데

나 같은 평생 초자는
몇 해 동안 끙끙 지은 처녀시집
거저 줘도 눈 밖이네
대포 값이나 얹어 달라하네

손 놓고 지냈으면
애먼 소리 없이

손가락질은 받지 않을 걸
애꿎은 종이 값만 올려놓은
컴컴한 날의 멍텅구리

그래, 시인이
언제
돈 보고 시 쓴다더냐

고추 먹고 맴맴
담배 먹고 맴맴

장마 유감

철철이 물 맑고 고아
바람, 마른 날개 적시러
물새들 따라 이물 없이 드나드는
청평호

긴 장마 뒤 끝자락
한숨 더미 둥둥 모여
수근대는데

배가 짓무른다고
고름 잡힌다고
등도 가렵다고

손 쓸 일이 마냥 딱하다

저 녁

사랑하는 이와
술 한 잔
발그스름 걸치고
돌아서는 발걸음
늘,
발목 시리다

밥그릇

좁으시 걸어가던 산길이
한참 키가 자라고 있는 풀에게
식식대며 하는 말

너 앞으로 절대
내 길에 들어오지 마
굵은 금 그어 놓는다

풀밭이 뾰로통 대꾸하기를
알았어
너도 다시는 내 풀 밟으면 안돼

이를 지켜보던 키 큰 소나무
그래, 너희들도 다 자랐구나
제 밥그릇 챙길 줄도 알고

백문불여일견

두어줄 글 적어 내려가다 지우고
다시 고쳐 쓰다가 박박 뭉게도 보고
막힌 하수관처럼 오도가도 못하고 있는데
끝내 주저앉고 만 원고지에
날파리가 내려앉아 잉크를 핥고 있다
뒤틀린 심사,
마침표 찍듯 날파리 정수리를 펜으로 콕, 찍는다
얼결에 벌어진 살생,
시신을 수습하는데 옆에서 눈이 휘둥그레진 똥파리
혀를 차며 한마디 뱉는다

펜이 칼보다 무섭네

나들이

줄 세워 갈아놓은
자르르 미끄럼 타는
이른 아침 논이랑
물길 따라 나들이 간다

동백기름에 가르마타고
빗어 내린 삼단머리 쪽을 찌고
동네 아낙네들
미루나무 동길 따라
장 구경 간다

맑은 목숨

아침 이슬은
제 나이 알고 있을까
몇 뼘 남지 않은 생을 놓고도
맑고 투명한 눈망울 뿐이라니

아침 이슬은
낙천주의자 인가봐
누구에나 고개 끄덕이며
동그란 웃음 웃어 주지

안 되는 일
틀린 답 하나도 없다고

한 평생 온 몸으로
동그라미만
치고 살아가는
맑은 목숨

건강 검진

칠월 매미 울음같이
울어대던 휴대전화
종일 입 다물고 있다

내 사랑 궁금해
손목을 가만히 짚어 보는데
맥박이 누군가에게
마지못해 끌려가는 걸음 같다

열 일 제쳐 두고 종합병원 가서
엠 알 아이 찍어봐야지

깊은 병 아니라고 말해주면 좋겠다

관성의 법칙

마음 졸라매고
불끈 솟는 주먹, 쥐어박아 앉혀놓고
무심히 뱉어버린 가시 돋친
한 마디

화살처럼 날아가
상대방을 관통한다
지화자,
얼결에 한 번 불렀을 뿐인데

쏜살같이 되짚어 와
내 몸 깊숙이 아프게 박히네

꿈을 포개며

1

텃밭에 나가 넌지시 흙에게 물었다 꿈이 뭐냐고, 흘끔 나를 쳐다보더니 자식이 몇이냐고 되묻는다 아들 하나 딸 둘이라 대답하자 단출해서 좋겠다며 부러워하는 눈치다 고추가지 파 상추 오이 옥수수 호박 쑥갓 부추 서리태 고구마 열 넘는 자식들 먹이고 입히고 가르치느라 눈 코 뜰 새 없는데 무슨 얼어 죽을 꿈이 있느냐며 눈을 흘긴다 지난여름 긴 장마에 떼 지어 자식 잃은 생각을 하면 지금도 치가 떨리고 원통하다면서 눈물을 훔친다

2

자식이 많아도 열 손가락 깨물어 안 아픈 손가락 있느냐며 절레절레 머리를 흔든다 그러더니 슬그머니 허리 툭툭 두드리며 공연히 궂은 날씨 탓으로 돌리는 텃밭, 열병에 걸려 숨을 놓던 고추를 보고 속상해 하던, 고구마가 너무 잘아 모종 값도 못 건지겠다고 푸념하던 내 모습이 자꾸만 부끄럽다 텃밭은 여름 내 제 손가락 깨물며 얼마나 아팠을까 며칠이나 울었을까 봄 여름 가을 오는 겨울까지 흙과 나는 한 울타리 안에서 종종 걸음으로 초록 꿈 이루어야 하는데 푸른 웃음 한 자락 던져주고 가는 하늘, 내년에는 우리 편이 되어주면 좋으련만

별일

3부

가을 문답

가을 문답

골방에 갇혀 있는
들깨
톡톡톡, 노크하듯 불러본다
문 열고 반색하며 우르르
몰려나오는 잘 여문 깨알

가을 내내 골방에 들어앉아
답답하지 않았느냐
무슨 생각하며 지냈느냐 물었더니

고장 난 마차 바퀴같이
덜커덩, 삐꺽대는 세상
속앓이 다 풀어주고

울퉁불퉁, 팍팍한 살림살이
기름 발라
입맛 다시는 저녁밥상 차려주고 싶었단다

고봉산 물들다

우린 늘 마주보며 정분 들어
푸르게 살아오지 않았던가
가을 들어 부쩍 수줍음 탄다
네 부끄러운 눈빛 알아보고
살금살금 달아오른 내 마음
못 본채 잰 걸음으로 산모퉁이
돌아서는 저 야속한 가을 산등선아,
가려거든 혼자 가지
더딘 내 발목까지 끌고 가서
어쩌려는 수작이냐

늦가을

끄라는 불은 끄지 않고
어쩌자고
뼈만 들고
떠나려 하느냐
가지 마라
목화솜 이불 내어줄테니

단 풍

누가
철없이 불장난을 치고 있나
여름 내 차곡차곡
쟁여 둔
푸른 눈빛에,
겁도 없이 불길 댕기다니
이 고을 저 고을
전염병 돌듯
걷잡을 수 없어
핑 돌아 고인 핏빛 눈물,
입마다 재갈을 물려 놓고
발을 동동, 불길 잡으려 해도
아무 소용없네
소문마저 타들어가니

만 추

잘 여문,
가을 산 바라보면
내 마음은 멍하니
지는 잎사귀 끝에 몸살이 든다

애지중지 초록 꿈 살뜰히 키우던
젊은 날,
허기진 잎새 오물오물 햇살
빨아먹던 그 날도

밤비에 맞서
웅크린 어깨 마주 잡아
내치던 새까만 밤도
한 잎 두 잎 갈잎으로 자리에 눕는다

여름 내 푸른 눈빛으로 쟁여둔
숱한 밀어, 속살까지
불이 번진 가을

뒤도 돌아보지 않고 타오른다
따라 잡을 수 없다

산 입

텃밭에 나가
고구마를 캔다

불끈불끈 일어나는
밤고구마,
입에 군침 물고
박스마다 가득 채워 넣는데

호미 밥에 묻어난
하얀 굼뱅이 한 마리
주름이란 주름 한껏 잡으며
대뜸 볼멘소리다

아저씨, 이 밭에 고구마
다 캐 가시면 어떡해요
겨우내 저는 뭘 먹고 살죠
입 달린 식구가 몇 인줄이나 아세요

그래 알았다, 너나 나나
다 같이 산 입인데,
너희 겨울 양식은
내 따로 챙겨놓고 가마

억 새

머리 풀고
길 떠난다기에
손 흔들어 주었지요

호수공원

이 세상
때 국물
말끔히 씻어 놓고
너른 턱 고이고 앉은
호수

하늘 끝까지 한하게 들여다보이는
말간 자리,
그 물빛 달다

한 움큼 햇살 펴들고
기웃기웃 거닐다 보면
입 안 가득 고여 드는
동그란 마음, 파란 마음

걸음걸음 어깨춤이 절로
날개를 단다

일산에는
삶에 가시 돋친 상처 어루만져 주는
호수가 떠있다

농부의 푸념

천지신명이시여
가래질이나 삽질이나
나락 가마 나르는 일이나
농사일 치고 힘들기야
매양이지만요
팔다리 어깨는 다행히 둘씩이라
힘 맞잡아 모으기도 하고
그래도 힘에 부치면 번갈아
손 맞춤 하다 보면
긴긴 하루 해도 넘기겠는데요
정작 큰 힘 써야 할 허리는
달랑 하나 뿐
끊어져 주저앉을 듯 해도
멈출 수도 바꾸지도 못합니다
하느님, 제발
허리 하나 서비스 해 주세요

두물머리 스케치

이물 없이 물안개 일렁이며 몸 비틀고
기쁠 때나 슬픔이 옷깃을 적실 때마다
강바람 밀어 내고 드나드는 강물
수면에 느긋이 내려놓은 마음, 참
평평하게 낯을 펴 누워 있네요
오고 가는 물살에 뒤채이면서
닳고 삭아 속속들이 겨운 몸
강가에 퍼질러 아린 상처 어루고 있는 문짝
모처럼 고른 숨결이었어요
두물머리엔
문짝을 들어 낸 큰 물문[水門]이 서서
외상인 줄 빤히 알면서도
밤낮으로 밀려드는 강물의 머리를
꼬박 세고 있었지요
동절기에는 휴가를 떠나
문을 닫습니다
저도 며칠 전 외상으로 두물머리에 다녀왔어요
늦가을 어느 오후 눈 맞은 사람이랑
물고기들, 솟구치며 던져주는
은구슬 한 아름 받아 오고 싶어요

섬

아옹다옹
삿대질에서
몇 발짝 물러앉은
외톨이 ,
섬이 되어버린 너는
요즘도 발 뻗고 지낸다지

새 집

아마도 새들 머리는
제갈공명을 닮았나봐

끝도 없이 지붕 하나 가리지 않은 하늘
지도 한 장 없이 제 멋대로
종횡무진 활개치며 날아다니니

조상 대대로 물려받은
생활철학
삶의 지혜 그대로

머리 치고 받을 일 없이
지붕 걷어낸 단 칸 방 하나
단출하게 집 지어 올리고
웃음 끊이지 않는 걸 보면

밥 값

문연재聞然齋
동창에
햇살 기어오른다

남창에
꽃봉오리
벙그는 소리

북창에는
문풍지 가늘게 흔드는
꽃 진단 소식에

밥값 치르느라
저물지도 못하고
참나무 가지에 성큼 걸린 노을

성형을 꿈꾸다

뜯어내고, 깎아내고
뭉개면서
살펴보고 다시 오려 내고
오려다가 덧붙이면서

손이 몰린다지요

그 손
얼굴에만 매달리지 말고
몇 해 째 물기 어린 눈망울로
잿빛 하늘 멍청히 바라보고 있는
궂은비에 날개 흠뻑 적신 세상
성형해 주면 안 되나요

주린 배, 부풀어 오른 찐빵처럼
빵빵하게 채워주는
움푹 파인 마음도
꼼꼼히 메워
주름 없이 꿰매주는

명의, 잰 손길을 찾습니다

지식 검색 해 봐야겠다

협곡 열차의 추억

한사코 칭얼대는 낙동강 목덜미,
차마 등 돌리지 못하고 강물을 어루다가
찌든 마음 헹구어 강가에 널었습니다

오도 가도 못하고 숲에 갇혀버린
눈망울,
어찌 할 수 없어

색동치마 저고리에 웃음꽃 고름, 빨-간 모자를 쓴
햇살 바른 산기슭에
아무도 모르게 심어 놓았습니다

도무지 한눈 팔 짬도 주지 않는
꼬마 협곡열차에 무작정
나 하나 부리고 싶었습니다

끼니도 챙기지 못하고
허둥지둥 열차에 실려 떠나가는 가을, 너무 가여워
목을 돌아 함께 울고 말았습니다

탁 트인 하루가 다시 눈에 찰랑 고입니다

짜장면

숨 가쁘게 이글거리는
노동현장
땀으로 비벼놓은 듯
검붉게 그을린
짜장면

마냥 달고나

짠돌이

예쁜 장학회 모임에 둘러앉아
사는 이야기 번갈아 또르르 굴리다가
담배 한 대 붙이려고 자리 뜬 사이

농협 조합장 십이 년인가 역임하고
도의원을 지낸 지역유지,
자수성가 한 후배가 좌중에 고한다

저 짠돌이 승배 형이
자신이 추진하는 농촌 부흥 사업에
십만 원을 보탰다며 바람을 잡는다

맞아, 짠돌이 맞네
하여 쉬이 썩지도 못하고 이렇게 산다네
자네는 인심이 후해 잘 나가는구먼

뼈 있는 한 마디 뱉지 못하고
얼른 입 안에 가두고 돌아선다
말 한 마디조차 아껴 두려는 짠돌이

맨 발

눈감은 가랑잎
살던 동네 눈여겨
더듬어 보고 발 디뎌 보고
한 두 차례
회심곡에 발맞추어 보더니
이내, 돌아오지 않는 길
낯선 길 모퉁이 접어든다
맨발이다

별일

4부

숲, 가부좌 틀다

까치집

허공에 올려놓은 집

구멍 숭숭 뚫어놓고
발 시리겠다

우리 집 사랑채 방 한 칸
내어주겠다고 말했더니

아니란다,
문 걸어 잠그고
별이랑 달이랑
놀아야 한단다

그래서 시인이지

시인은 사철을 바꿔서 읽고 쓴다
산에 오르지 않고
그 산들을 불러들인다
나 보고 싶거든 그냥 산에게 내려오라 한다
시 한 편들고 오락가락,
낯빛 해쓱해진 쌀독 열어 보이는
아내에게 잘 여문 들판 가리키며
저게 올 겨울 양식이네
넌지시 일러준다

숲, 가부좌 틀다

붉어진 잎사귀 베어 문
발걸음
떠들썩하다

드러눕거나
떠나거나
아무도
탓하지 않더니

가부좌 틀고
동안거에 들어
끝도 없는 적막을
어루만지고 있는
빈 숲,

문고리 따고
나서는 저 모습
궁금하다

빈 들

불빛 시든 축제 마당

가진 것 다 내어주고
주린 배 훈장처럼 움켜쥐고
명상에 잠긴

추수 끝낸 가을 들녘

눈송이 내려 와
찬 바닥에 돌아누운 배 덮어주네

왼손이 한 일
오른손 모르게 하라 시는
사랑의 말씀

눈 감은
비움 안에 배어
자라고 있네

설 옥

산골
아득 박혀 있는
외딴집

드문 발걸음
차마 그리워
텅 비워 둔 가슴

두 귀 쫑긋 단다

들짐승
탁발하러 타박타박
나선 오솔길

그 길목, 매어 달다니

산새 울음 따갑다

연

텅 빈,
하늘가
말간 점 하나

온 몸 훨훨
구름판 박차고
가물가물 솟구치는

휘젓고 지나간 발자국마다
하얀 핏물
흥건하다

모레쯤은
가뭄 걱정
놓아도 좋겠다

기 원

살아온 날보다
살아야 할 날 위에
동그라미 치고 싶다

쓰레기처럼 부려놓은 짐
놓아주어야 할 일이
미처 못다 한 숙제처럼
고인 턱, 한참 멍하다

어차피 서둘 일이 아니다
그냥 걸어가자
비바람 몰아치면 풀잎처럼 먼저 눕고
바람보다 일찍 일어나 다시 걷자

먼 산 아름드리 참나무
도끼 날 입에 물고 장작으로
잘게 쪼개져 게거품 물어가며
이집 저집 아궁이 덥히듯

나, 갈라지고 쪼개져서
공양으로 불살라 허기 달래주고
눅눅해진 그늘도 말려주고 싶다

고단한 이마 훔쳐 주다가
누군가의 가슴팍에 안기어
한 사랑, 낳고 싶다

살가운 감기

몇 해 만에 불쑥 찾아와
못 본 척 외면 하려해도
막무가내 대문을 밀치고 들어선다
나랑 같이 살고 싶어 왔단다

팔 다리 어깨 허리 주무르며
온 종일 다리통에 알배도록 오르내린다
목구멍 콧구멍은 내버려두면 좋으련만
막무가내다

눈 맞춤 조차 뜸한
식구들 밀어내고
나만 사랑하고 싶단다

발자국 소리 그리운
눈길마저 아쉬운 늘그막에
이만한 친구 있을까, 밤새 콜록이는
곁을 지켜주는 그런 자식 있을까

어제는 서러운 날
조반도 거른 내 아침 단잠
깰까봐 인사도 없이 가버렸다

감기야, 아무 때나
마음 내키거든 또 오려무나
반갑게 문 따주마

불꽃놀이

밤하늘에 반짝 피어나는
형형색색의 불꽃
색동우산을 펼쳤다 접었다

밤눈이 밝아
어둠을 살라먹고 사는
야행성 꽃

이름도 없는 씨앗
검은 허공에 뿌렸더니
덩실덩실 춤사위 고르는
불꽃송이들

놀이판에 불똥이 튀어
구경꾼 마음 섶에 옮겨 붙은
차가운 불길

사 랑

밤낮을
다 내어주고도
아깝지 않네

아무리
퍼주어도
모자라네

어쩔 수 없어
끝도 없이
수렁이네

세모에

별이 뜨지 않는 가슴이 있어요
바람마저 춥다고
등 돌리고 울어요

사랑의 군불
한 아궁
지펴 주세요

밥

그녀에게
찔끔, 보내는
눈짓

한 눈에
들켰으면

배고픈 솔개
한 끼 밥이나
되었으면

아버지

밤 깊어서야 홀연히
아버지 그리운 얼굴
시리게 불러본다

육이오 난리 통에
여섯 살배기 응석 뿌리치고
차마 절뚝이며 묶인 몸
애간장 끊어도 돌아올 수 없는 길
몸부림치는 삼팔선을,

당신의 젖은 눈망울조차 가물가물
날 선 육 십 일 년, 깊게 베인 아픔으로
불러보는 아버지, 아버지

아랫목으로 내려오셔서
절 받으세요
목 메인 바람결 헤치며
가슴으로 더듬어 보는 우리 아버지

이제 풍찬 노숙, 통한의 방랑길 거두시고
연천군 왕징면 작동리 산 95번지
양지 바른 자택에서 사시사철
개인 날로 천수 누리세요

어머니 팔베개 좀 해드리시면서요

귀머거리

하나 둘 떠나간 뒤
말문 터줄 정다운 눈빛도, 이물 없이
가슴 기댈 얼굴도 이제는 먼 날

알전구가
왕방울 눈빛을 집안 샅샅이 굴려보지만

격자 문살 틈에 소복이 내려앉은
대청마루에 오롯이 배인 무늬 고운
정담에 그냥 멍청하다

등잔불은 다 알아 들었는데

양말을 빨며

누가 시키지도 않은 일
나, 양말 빨고 있네
젊은 시절
아내 친정 다니러 간 사이
밀린 빨래 쌓아 놓고
눈 흘기던 날 생각난다
어둑어둑 가물거리는 눈망울에
이제사 보이네
일손 조금 덜어주고 나니
내려앉은 아내 어깨
투덕투덕 두드려 안마해주는 모습
눈에 띄네, 슬그머니
주방에서는 아내의 엷은 미소
보글보글 끓어 넘치고 마는

상 처

밤새 눈이 내리고 어렴풋이
어둠에 눈 뜬 겨울밤이
헐벗은 상처들을
깁고 있다, 펑펑하게

어느 몸 마음 하나
가리지 않고 강물 져 흐르는
상처, 눈 덮인 세상 안에
숨죽인 채 희미한
유년의 기억들을 매만지고 있다

꽃 진 자리마다
푸르게 일어서는 살진 열매며
제 살점 찍어낸 자리마다
새 생명 꼬옥 품고 있는
인자한 고향 땅이 눈길 따라
뚜벅 뚜벅 걸어오고

겨우내 가득히 피워 올린
눈꽃송이 밤 새워 비워 낸
허기진 하늘
눈이 부시고나

누가 속 깊은 가슴으로
새긴 상처 아프다 하는가
쉬 아물지 않는다 푸념하는가
돌아온 모든 상처들은
아름다운 사랑으로, 감싸 안은 눈빛으로
새살 돋아나는데

마침표가 궁금하다

남들 가는 곳에 채널 고정하고 보폭 맞추며
나란히 따라가다가
불현듯, 어쩌다가 여기까지 휩쓸려 가는 거지
절래 고개 저으며 발길 돌린다

가다가 서다가 바쁜 시간은 먼저 떠나라 이르고
우두커니 뒤돌아본다
아무도 보이지 않는다, 드문 발길이다

내가 밟고 가는 길이 거칠어
돌고 돌아가는 길인가보다
호젓이 숨어있는 길 어루만져보는 순간
내가 길을 잘못 들었나 갸우뚱 하다가

그래도 가야지, 신발끈 조이는데

남들 가는대로 가면 좋으련만
쥐뿔나게 구는 거 아냐
절뚝이던 다리가 투덜투덜 비실댄다

야, 너 똑바로 걸어
메마른 입술이 목을 세워 나무란다
고단해도 떳떳하니 마음은 편하지 않니

한 몸에 달린 입과 다리
어느 편에 동그라미 쳐 주어야하는지
제 몸 조차 제대로 부리지 못하는 내가
진저리 치도록 무섭다

내 생의 마침표가 못내 궁금하다

낮은 목소리

믿음직한 아들 종욱아,
내 귀여운 며늘아기 하얀꽃뿌리야,

아버지 가슴속에 아껴두었던 낮은 목소리
오늘 너희에게 꺼내주마

지난 17년 먼 인연, 침묵으로 가꾸어온 천생연분
백년가약으로 꽃망울 틔우다니
너희들 사랑
눈부시게 곱고 예쁘기만 하구나

장하다, 축하한다
한 겨울 눈밭을 헤집고 피워낸 홍매 같은 사랑이니
무엇인들 두렵겠니
너희 두 사람 꿈속을 오가던, 아무도 밟지 않은
미지의 땅, 진솔 같은 새벽길이
너희가 가는 길이라면 나는 더없이 좋겠다

가슴에 지혜의 등불 하나 달고
별빛을 따 모아주는 풀벌레소리 더불어
울퉁불퉁 박힌 어둠 일으켜 세울 수 있다면
발 부르트도록 걸어 한 짐 거둔 열음
웃음으로 나누면서 "참 아름다운 길이었어"
입속말 되뇌이며 가쁜 숨 고르는 날
너희 지친 발목 이끌어 주던 다 해진 채찍 보듬어 주는
환한 그날, 바로 그날이 저기 걸어오고 있다

예쁜 아들 딸 손 꼬옥 잡고 반갑게 마중 하려무나
먼 길은 지름길이 없다고 한다
애들아, 그저 많이 묻고 가다보면 그 답을 만날게다
푸른 하늘, 솔개 같이 날아오르는 기쁨으로
휘날리는, 힘차게 펄럭이는 한 사랑 되거라

정담情談

눈보라 들쳐 업고
의지간 찾아 며칠째 애걸복걸이다
피멍으로 대문을 두드리고 있는 삭풍

영감, 문 좀 따줍시다
바람도 겨울나기가 너무 힘든가 봐요

사정이야 딱하지만
임자 감기 기운이 아직 나가지 않았으니

화롯불을 내다줄까요?

아니야, 바람이 심하니 아궁이에
장작을 지펴 연기를 데워주면 견딜만하겠지

작품해설

영혼의 가려움이 느껴지는 농담과 회화

-안분지족의 시 세계

-나정호 · 작가

영혼의 가려움이 느껴지는 농담과 회화

– 안분지족의 시 세계

나정호 · 작가

나는 지금 귀일 안골 현정 김승배 시인의 산밭에 갑니다. 저 생생하게 살아 있는 겨울나무와 가지들, 둥근 밭이랑 너머로 구름이 떠가고 있습니다. 이처럼 모든 휘어진 곡선과 생명의 선율은 유려합니다. 눈에 보이지 않지만 바람이 거들고 있는 중입니다. 그러나 이런 유아적 질문은 우파니샤드의 화두와 일치합니다. 바람으로 대치된 모든 참여와 간섭이 존재를 휘게 합니다. 마치 우리의 운명이 저 바람의 풍향을 닮았습니다.

100년 가까운 세월을 거슬러 가고 있는 안골 산밭 아래서 그 세월을 함께 지나온 시인의 회상은 모닥불처럼 따스합니다. 어린 날 밭일을 하시는 어머니의 숨결을 느끼려고 오늘도 그가 서성이는 곳은 안골 산밭입니다. 시인에게서 밭일은 시 창작의 재료들입니다. 산밭은 계절의 생채기와 자연의 앙금들, 어떤 강요와 억지도 허용하지 않는 현정 김승배 시인의 맨 얼굴입니다.

시인은 일상의 보편적인 주제를 다양한 방법으로 비유

와 함축, 반전의 맛을 끌어냅니다. 그는 인간과 자연의 생명에 대한 본질을 잘 이해하고 있는 시인입니다. 그에게서 생명에 대한 관찰력이 시의 원동력이라면 존재를 읽는 눈빛은 그의 사상적 배경인지도 모르겠습니다.

먼저 「별일」은 절창입니다.

> 산기슭 길게 베고 누운 콩밭을 매다가
> 허리 툭툭,
> 몇 걸음 비켜서서 볼일 보는데
> 풀숲에서 툭, 튀어나온 개구리 한 마리
> 퉁퉁 불은 눈알을 까고 나무란다, 아저씨
> 화상 입을 뻔 했잖아요
> 그래, 미안하다 일이 다급하다보니
> 내 미처 살피지 못했구나
> 대신, 너희들이 콩밭에 와서 살아도
> 아무 말 안 할 테니
> 오늘 일은 입 다물기로 하자
>
> –「별일」 전문

개구리와의 대화가 순수한 시인의 심중을 드러냅니다. 인간의 이기적인 심리가 저런 모습일 테지요. 짧은 몇 줄의 문장이 인간의 근원적 불안을 아니 부조리를 보여주고 있습니다. 개구리 앞에서 시인은 한없이 자신을 낮추면서 인간의 정감을 대칭시키고 있습니다. 오줌발에 화상을 입을 것 같은 개구리와의 능청스러운 화해와 농담, 그러나 오줌발은 저렇듯 엉뚱한 개구리에게 투사되고 있습니다.

김승배 시인은 삶과 시적 편력이 매우 긴밀하게 맞물려 있습니다. 혹자는 '나'를 본 사람이 부처라고 말합니다. 그러나 자신의 내면을 들여다보기란 어렵습니다. 그런 어원에서 직관이란 말이 나왔을까요. 시인의 직관능력은 또 다른 재미를 더합니다. 자신의 안을 물들이고 있는 내면을 맥박으로 예측합니다.

칠월, 매미 울음같이
울어대던 휴대전화기가
종일 입 다물고 있다

내 사랑 궁금해
가만히 손목 짚어보는데
맥박이 누군가에게
마지못해 끌려가는 걸음 같다

열일 제쳐놓고 종합병원 가서
엠 알 아이 찍어봐야지

깊은 병 아니라고 말해주면 좋겠다

—「건강검진」 전문

「건강검진」은 시인의 일상이 극명하게 노출된 일기입니다. 등짐을 내려놓거나 무언가 벗어놓고 싶은 열망이 떠오르면 저 칠월을 떠올려도 좋습니다. 시인은 맥박을 통해 계절이 바뀌는 신호를 보았을까요. '맥박' 과 '엠 알 아이', 그것은 육감의 신호와 과학의 세계입니다. 육감이야말로 과학으로 밝혀낼 수 없는 진솔한 세계입니다. 「건강검진」은 영혼의 가려움이 느껴지는 '안분지족' 의 그림 한 폭을 떠올리게 합니다.

우리 늘 마주보며 정분들어
푸르게 살아오지 않았던가
가을 들어 부쩍 수줍음 탄다
네 부끄러운 눈빛 알아보고
살금살금 달아오른 내 마음
못 본채 잰 걸음으로 산모퉁이
돌아서는 저 야속한 가을 산등선아
가려거든 혼자 가지
더딘 내 발목까지 끌고 가서

어쩌려는 수작이냐

– 「고봉산, 물 들다」 전문

김승배 시인은 고봉산과 북한산을 마주하고 삽니다. 시인은 가을 볕 잘 드는 방에서 자기 놀이에 빠져듭니다. 가을 고봉산을 바라보면서 말을 건네는 형식으로 대화를 열어갑니다. 그러나 '저 야속한 가을 산등선'과의 화답은 고봉산과의 동일시로 발전합니다. 시인에게 가을은 생김 그대로 설렘과 열망의 대상입니다. 그것은 곧 희로애락의 감정을 절제하려는 의지, 그 감정에 흔들리지 않고 두 마음을 다잡으려는 중용의 마음이 아닐까요.

아무리
퍼주어도
모자라네

어쩔 수 없어
끝도 없이
수렁이네

– 「사랑」 부분

김승배 시인이 창작활동을 지탱하는 부드러운 탄력은 대상과의 '마주보기' 속에서 탄생합니다. 시인에게서 「사랑」은 '수렁' 입니다. 이를테면 사랑의 만남입니다. 그러나 인간의 사랑이란 변절의 위험을 항상 지니게 마련입니다. 그 사랑의 변절은 '수렁' 으로 의미화 되고 있습니다.

인간이기에 어쩔 수 없이 진실을 위장하거나 목적을 숨기려는 속성이 있습니다. 위장된 진실은 이미 진실이 아닐 터, 사랑도 이와 다르지 않습니다. 그러기에 목적성의 사랑은 그저 계획된 술수에 가깝습니다. 그러나 꽃이나 열매는 위장이나 술수가 있을 수 없습니다. 달리 말해 성

스러운 신성이며 인간이 갈망하는 유토피아입니다.

시인은 다시 4월의 진달래 앞에서 철부지가 됩니다.

사월이 오면
철부지가 되나보다

낯 선 남동풍 등에 업히어
앞 뒤 동산 오가다가

다문다문 부려 놓은
열아홉 순정

저 좀
데려가 주세요

– 「진달래」 전문

'다문다문 부려 놓은' 듯 피어 있는 진달래꽃을 통해' 열아홉 순정' 을 만납니다. 이를테면 사랑의 만남이며 시인의 욕구를 대신한 메타포입니다. '다문다문' 과 같은 평명하면서도 아름다운 형용사의 쓰임은 놀랍게도 이 사랑의 운율감에 동참하고 있습니다. 사랑의 속도와 조화를 진달래꽃을 통해 화자의 마음을 생생하게 드러내는데 적절히 운용되고 있습니다.

사랑은 이상과 현실사이의 영원한 모순입니다. 만남이라는 황홀함과 이별 뒤의 패배감이 그것입니다. 우리들의 운명도 비상과 하강이 교묘하게 배합되어 있습니다. 사랑이 이와 다를 리 없습니다.

「진달래」는 자연에 몰입하면서 동화되어가는 시인의 아름답고 투명한 마음이 생경하게 환기됩니다. 이런 순수의 사랑 앞에서 시인은 '저 좀 데려가 주세요' 라며 애교와 능청을 부립니다. 사랑의 패배감을 경험한 시인의 아름다운 몸부림이 읽혀집니다.

머리 풀고
길 떠난다기에
손 흔들어 주었지요

– 「억새」 전문

「억새」는 단순함의 차원이 아니라 가혹합니다. 바람에 흔들리는 억새꽃은 인간에게 무한한 연상을 허용합니다. 제 빛과 향기를 뽑아 올리며 인간의 마음을 흔들리게 합니다. 그러나 억새꽃이 질 때면 그 흔들림은 뭉개집니다. 아니 그 가능성마저 지워집니다. 그래서 억새꽃은 바람을 닮았다고 했던가요. 힘겨운 세상살이에서 풀려난 노인이 환생한 꽃이라는 설도 있습니다.

이 시에서 억새꽃과 머리카락이라는 비유의 매개항은 대상의 속성을 절묘하게 드러냅니다. 시인은 억새꽃을 또 다른 계절에게 양보합니다. 마음의 눈으로 영혼을 보는 자가 시인입니다. 김승배 시인은 마음의 눈으로 억새꽃을 보았을까요.

돌아, 가시덤불 헤치고 돌아온
휜 허리 어머니의 무딘
손톱 같은 꽃잎이여

당신 주름진 얼굴에
깨물린 땀방울,
가리가리 바람결에
도리질 치고 있네요

– 「찔레꽃」 부분

상식을 뒤집고 발상의 전환을 이루는 시인들의 상상력은 아름답습니다. 그것은 우리 눈에 보이는 현상의 배후

에서 진실이라는 근거를 찾는 지적 탐구입니다. 이러한 전환의 상상력이 담긴 시를 읽는 재미는 즐거움 이상입니다. 어법의 전환이나 상상력의 전환이 기발하지 않더라도 김승배 시인의 시는 독특한 재미와 개성을 발견합니다.

이런 의미에서 시인의 어머니는 「찔레꽃」으로 피어납니다. 시인에게 찔레꽃의 '꽃잎'은 어머니의 무딘 '손톱'입니다. 이처럼 김승배 시인의 시는 가차 없이 제거된 군더더기, 그리고 생략과 함축성이 지배하고 있습니다.

그러나 이 유아적 단순은 화두이며 그대로 은유가 됩니다. 격식에 물들지 않은 상상력, 습성에 훼손되지 않았다는 점에서 다행이라고 생각합니다. 그래서 그의 시가 유쾌하지 못한 현실에서 허울과 속물근성에 맞서는지 모르겠습니다.

나는 김승배 시인의 회고담을 기억합니다.

시인의 고향 안골 마을은 고전적입니다. 그래서 누구에게나 정겨울까요. 그곳에서는 어느 때나 시인이 돌아가고 싶은 추억의 다락방, 문연재가 있습니다. 시인이 언제든 추억에 빠질 수 있는 문명의 헛간, 기억의 창고입니다.

무엇보다도 시인이 걸어온 생애에서 등불과도 같은 존재인 그의 어머니 상경 장재녀 여사를 떠올리면 벌써부터 가슴 한 쪽이 환해집니다. 시인은 어머니에 대한 사랑과 그리움이 남다릅니다. 그가 미래를 가꾸는 일에 한 줌의 거름이 되기를 소망하면서 상경 어린이 문학상을 이끌어 가는 근저에도 어머니에 대한 사랑과 그리움의 열망이 채색되어 있기 때문입니다. 그래서 그의 작품들은 잃어버린

원향, 혹은 어머니의 따스한 숨결을 그려냅니다.

젊은 날은 질풍노도의 포연이 자욱한 월남 땅으로 떠나는 배를 타던 사내, 그 순박한 영혼의 방랑이 이토록 평온한 안식의 세계로 돌아오게 한 밑거름이 아니었을까요. 그래서인지 그의 언어 속에는 다소 거칠고 드라마틱한 생의 단면들이 드러납니다.

시인은 상상력의 굶주림에 허덕이는 사람입니다. 아니 예술의 한 양식을 드러내기 위해서는 상상이 절대적입니다. 과거를 향해 돌아갈 수 있는 것도 상상만이 가능합니다. 최근 시인의 작품들이 풍성한 이유에는 안골 마을과 어머니의 텃밭, 바로 그가 잃어버린 유년의 마을, 에덴의 시절이 아닐까요.

김승배 시인의 두 번 째 시집 『별일』 발간을 축하드리며 때 묻지 않은 어린아이의 감수성에 그대로 머물러 있기를 갈망합니다.

– 나정호 작가

Gim Seung-bae

다시올시인선 013

별일

2014년 1월 20일 초판 1쇄 발행

지은이 | 김승배
발행인 | 김영은
펴낸곳 | 다시올
등 록 | 제 310-2007-00028

139-050 서울 노원구 월계동 382-55(중앙빌 2동 1호)
전화 | 070-7431-5941
팩스 | 031-855-5941
메일 | maxim3515@naver.com

ISBN 978-89-94414-46-1 03810

정가 9,000원